UNE SIMPLE AFFAIRE DE FAMILLE

Roman policier

Lecture en français facile

- niveau intermédiaire -

(à partir du niveau B2 du C.E.C.R.)

Aide au vocabulaire à la fin de chaque chapitre

Vocabulaire thématique à la fin du livre

Du même auteur,
dans la même série :

La Chance du débutant
Une Simple Affaire de famille
Le Gros Poisson
Un Patron qui en faisait trop

Chapitre 1

L'inspecteur Julien Dulac se regarde avec satisfaction dans le miroir. Il est jeune, il est beau et il est bien habillé. Tout va bien. Il se lave les mains soigneusement et sort des toilettes. Dans les couloirs du commissariat, il marche la tête haute. En effet, hier, il a terminé une affaire[1], sa première affaire, son premier succès. Aujourd'hui, il est de permanence[2] mais tout est calme. Il est très tôt, cinq heures du matin, et pour s'occuper durant cette longue matinée, il va ranger son bureau. Ensuite, il déjeunera avec ses collègues. Et bien sûr, ils parleront de nouveau de sa réussite, l'affaire Martin-Duval. Et puis... La voix du commissaire Taillefer retentit[3] dans tout le commissariat :

– Dulac ! Dans mon bureau !

Julien respecte son chef. C'est un homme qui a beaucoup d'expérience. C'est aussi un homme qui fait confiance[4] à ses subordonnés[5] et qui reconnaît leurs qualités.

– Vous m'avez appelé ? demande Julien en entrant dans le bureau.

– Dulac, hier soir nous avons déjà fêté votre succès, mais je voulais vous le dire personnellement : bravo !

Julien est fier des félicitations de son chef. Mais Taillefer s'interrompt :

– Dulac, arrêtez de sourire comme un imbécile !

– Excus…

– Vous travaillez dans un commissariat ! Vous n'êtes pas steward dans un avion !

Voilà, Taillefer est comme ça. Il reconnaît le mérite[6] de ses hommes mais il n'est pas drôle. Il est toujours sérieux, sec. Julien veut se justifier :

– Je…

– Taisez-vous !

Le silence est lourd. Taillefer reprend :

– On vient de nous téléphoner. Ce sont les pompiers[7] de Saint-Calmin. Il y a actuellement un incendie[8] : une maison individuelle est en feu à la sortie de la ville. Ils ont déjà sécurisé la zone[9]. Allez sur les lieux. Faites les premiers constats[10].

– Je…

– Ça vous occupera. Prenez deux agents disponibles pour vous accompagner.

– Est-ce que…

– Partez !

1) une affaire : *(ici) ensemble des faits créant une situation compliquée.*
2) être de permanence : *assurer le service qui permet à des bureaux de fonctionner sans interruption.*
3) retentir : *se faire entendre avec force.*
4) la confiance : *sentiment agréable que l'on éprouve quand on est sûr de quelqu'un ou de quelque chose.*
5) un(e) subordonné(e) : *personne qui travaille sous les ordres de quelqu'un.*
6) le mérite : *vertu, ce qui rend quelqu'un digne d'estime et de récompense.*
7) un pompier : *personne dont le métier est de combattre le feu et de sauver les gens.*
8) un incendie : *grand feu qui s'étend en faisant beaucoup de dégâts.*
9) sécuriser la zone : *assurer la sécurité dans un lieu.*
10) un constat : *document officiel qui décrit une situation.*

Chapitre 2

Julien est heureux de sortir et de s'occuper. Par chance, les agents de police disponibles sont Sommard et Béranger. Il a travaillé avec eux la première fois. Ils savent donc que Julien, bien que jeune, est efficace. Il sera admiré. Mais dans la voiture, Sommard parle de tout et de rien, et Béranger regarde ailleurs. Les deux agents sont in-di-ffé-rents[1] !

– Vous savez inspecteur, dit le policier le plus bavard, il y a là-bas un petit restaurant qui sert un excellent « Lapin[2] sauce Grand-Mère ».

– Vous aimez le lapin, Émile ?

– Vous m'appelez par mon prénom, inspecteur ? Je vous en prie, nous ne sommes pas… Je ne sais pas… Enfin, nous sommes des flics[3] !

Le jeune inspecteur se reprend :

– Vous m'agacez. Taisez-vous Sommard !

Ils arrivent sur les lieux de l'incendie. Le chef de la brigade des pompiers explique : « La zone est sécurisée. Le feu est maîtrisé mais pas encore complètement éteint[4]. Ce sont les éboueurs[5] qui nous ont prévenus vers quatre heures du matin. Ils ont vus la maison en flammes[6] et ils nous ont appelés. »

– Il y a des victimes ? s'inquiète Julien.

– On ne sait pas encore exactement. Tout était fermé sauf une fenêtre à l'étage. Avec notre grande échelle, nous sommes rentrés par là. C'est la fenêtre d'une chambre. Dans cette pièce, nous avons trouvé un homme vivant mais inconscient, probablement asphyxié par les fumées[7]. Il a été transporté à l'hôpital. Et maintenant, on vient de m'annoncer qu'il y a une femme dans une autre chambre. Elle est morte, son crâne[8] a été fracassé[9] par les gravats[10] dus à l'incendie.

– Il n'y avait que deux personnes ?

– On ne sait pas encore. Nos hommes progressent dans la maison. C'est très dangereux car des parties du toit sont en train de tomber.

Les pompiers transportent le corps de la femme. Ils le déposent à l'extérieur de la maison, sur une couverture. Le jeune inspecteur s'avance. Le chef des pompiers l'appelle alors : « Inspecteur ! On vient de trouver deux autres corps. Deux enfants. Morts. »

Un pompier ouvre la porte d'entrée de la maison. Le chef de brigade fait signe à Dulac :

– Si vous voulez entrer, inspecteur, suivez-moi. Restez près de moi, l'endroit est encore dangereux.

Julien est choqué en voyant les enfants. Dans une première chambre, le corps sans vie d'une petite fille d'une dizaine d'années est allongé sur un lit. Elle semble dormir. Il y a du sang dans son dos. Dans l'autre chambre, un petit garçon est dans la même position. C'est affreux. Le jeune inspecteur a envie de pleurer. Le chef de brigade est compréhensif :

– C'est insupportable, inspecteur. Vous en verrez d'autres dans votre métier, mais vous ne vous habituerez jamais. Nous, les pompiers, nous voyons toutes sortes d'accidents, toutes sortes de morts, mais les enfants… on ne s'habitue jamais.

Alors, Julien s'approche du corps du petit garçon. Il se penche[11] et examine la tache[12] de sang. Le pompier se penche aussi. Les deux hommes, horrifiés, se redressent[13]. Ils se regardent, muets. L'enfant est mort, tué d'une balle de revolver.

1) indifférent(e) : *qui ne s'intéresse pas, qui n'est ému par rien ni par personne.*
2) lapin : *petit animal qui a de grandes oreilles et que l'on mange en sauce.*
3) un flic : *(familier) un policier.*
4) éteint(e) : *qui a cessé de brûler.*
5) un éboueur : *personne dont le métier est de ramasser les ordures ménagères.*
6) en flammes : *qui brûle.*
7) asphyxié(e) par les fumées : *étouffé, ne pouvant plus respirer à cause du mélange de gaz et de particules qui se dégage du feu.*
8) un crâne : *sommet de la tête.*
9) fracassé(e) : *brisé avec violence.*
10) des gravats : *débris de matériaux, de murs, provenant d'une démolition.*
11) se pencher : *incliner le haut du corps vers l'avant.*
12) une tache : *marque sale, trace.*
13) se redresser : *se remettre droit.*

Chapitre 3

Julien téléphone à son supérieur : « Commissaire, ce n'est pas un accident, il s'agit d'un incendie criminel[1]. Il y a un homme blessé[2], toujours vivant. Une femme morte à cause de l'incendie. Et deux enfants tués d'une balle de revolver. Ils ont été assassinés[3]. » Le commissaire lui répond brièvement :
– Je vous confie[4] l'enquête, Dulac. Faites le nécessaire.

Alors le jeune inspecteur prévient les services de la police scientifique. Il délimite la scène du crime[5]. Personne ne doit s'approcher de la maison. L'incendie a fait des dégâts mais, à l'intérieur, il y a de nombreux éléments à constater. Y-a-t-il eu vol ? Plusieurs personnes sont-elles rentrées dans la maison ? Quelle est l'origine du feu ? La police scientifique examinera, dans chaque pièce de la maison, tout ce que le feu n'a pas détruit. Julien espère avoir les informations rapidement.

Puis, sans perdre de temps, il se rend[6] à l'hôpital. Les deux agents l'accompagnent toujours, mais cette fois-ci, dans la voiture, Sommard ne parle plus. Lui aussi est choqué. Béranger ne dit rien non plus, mais chez lui, c'est normal. Cependant, le visage de ce policier est plus dur que d'habitude, son regard est plus fixe. Cette affaire est grave, deux enfants ont été assassinés. Quelqu'un a été capable de commettre ce crime horrible. Le silence durant le trajet est pesant. Les trois hommes sortent du véhicule sans avoir échangé une parole.

A l'hôpital, le médecin reçoit les policiers :

– Nous avons examiné le blessé. Actuellement, il est toujours inconscient. Il est dans cet état car il a pris beaucoup de médicaments. Il a probablement voulu se suicider[7].

– C'est le propriétaire de la maison ? Le père de famille ? On est sûr de son identité ? demande l'inspecteur.

– Oui. Nous avons retrouvé son dossier médical. Il s'agit de monsieur Jean-Pascal Chavard, 42 ans, employé de banque, marié à madame Sandrine Chavard et père de deux enfants : Inès, 12 ans, et Enzo, 10 ans. Nous avons les dossiers médicaux de toute la famille.

– Quand pourrons-nous interroger monsieur Chavard ? s'inquiète Dulac.

– Il faut attendre un jour ou deux. Je ne peux pas vous répondre plus précisément. Pour son bien, nous l'avons plongé dans un état de coma[8] artificiel.

Un jour ou deux ! Cela semble une éternité à notre enquêteur.

Le jeune inspecteur téléphone de nouveau à son supérieur : « Commissaire, je suis à l'hôpital. On pense que le père de famille a tenté[9] de se suicider. Il a probablement voulu entraîner[10] dans la mort toute sa famille. On ne peut l'interroger pour l'instant, il est toujours inconscient. Il nous expliquera tout. C'est une triste affaire. Une simple et triste affaire. »

Le commissaire Taillefer répète les mots de l'inspecteur :

– Une simple et triste affaire ?

– Oui, c'est…

– Dulac, écoutez-vous ! Vous êtes ridicule avec vos phrases. Des morts, vous n'avez pas fini d'en voir ! Des jeunes, des vieux, des innocents, des coupables. On n'a pas besoin de vos bons sentiments ! On a besoin de rétablir l'ordre là où il le faut. C'est votre boulot[11], oui ou non ?

– Je dis simplem…

– Taisez-vous ! Et vérifiez tout ! Rien n'est jamais simple.

Souvenez-vous de votre première enquête, en apparence la simplicité même, et pourtant… Allez, au boulot Dulac !

1) criminel, criminelle : *qui a été fait volontairement, très grave et puni par la loi.*
2) blessé(e) : *personne qui a subi un dégât fait à son corps.*
3) assassiné(e) : *tué par quelqu'un qui a agi volontairement.*
4) confier : *laisser quelque chose à quelqu'un pour que cette personne s'en occupe.*
5) la scène du crime : *le lieu où s'est passé le crime et où des indices peuvent être trouvés.*
6) se rendre quelque part : *aller quelque part.*
7) se suicider : *se tuer volontairement.*
8) le coma : *état d'une personne qui a perdu conscience et n'a conservé que des fonctions végétatives.*
9) tenter : *(ici) essayer.*
10) entraîner : *(ici) obliger ou inciter quelqu'un à faire ce qu'il n'a pas envie de faire.*
11) le boulot : *(familier) le travail.*

Chapitre 4

Le lendemain, l'inspecteur Dulac ne peut pas encore interroger l'homme qui a peut-être tué toute sa famille. Jean-Pascal Chavard est toujours hospitalisé, inconscient. Cependant, Dulac se rend à l'hôpital, on ne sait jamais. Le médecin peut sans doute lui donner d'autres informations. Et puis… on peut peut-être réveiller Chavard...

– Le réveiller ! Vous plaisantez ! s'exclame le médecin.

– Bien, bien. Mais, docteur, vous avez le dossier médical complet de monsieur Chavard. Pouvez-vous me dire s'il était dépressif [1]? Cela expliquerait son geste.

– Inspecteur, je peux simplement vous dire qu'il ne suivait pas de traitement pour la dépression. Il ne voyait pas de psychiatre [2].

Julien conclut alors : « Donc, il allait bien. »

– Il allait bien ? Parce qu'il ne voyait pas de psychiatre ? Vous allez un peu vite ! répond le médecin. Beaucoup de gens sont malades et ne se soignent pas. Il était peut-être dépressif et ne voulait en parler à personne.

Julien reprend : « Pouvez-vous me dire s'il avait autre chose, une grave maladie par exemple, une raison de se tuer ? »

– Aucune pathologie particulière. Au contraire, une très bonne santé. Il avait apparemment une très bonne hygiène de vie. Il mangeait sainement, ne buvait pas d'alcool et faisait de la course à pied deux fois par semaine. Un exemple pour nous tous !

Rien à faire, aujourd'hui Dulac n'apprendra rien de plus à l'hôpital. Il est obligé de s'en aller sans information supplémentaire. Il faut attendre encore un jour ou deux.

L'inspecteur décide alors de faire une enquête de voisinage[3]. Cela lui permettra de connaître davantage la personnalité du blessé.

Julien se rend dans le commerce le plus proche de la maison incendiée. C'est une jolie boulangerie. Quand on entre, ça sent bon, ça sent le pain frais et les croissants chauds. À cette heure-ci, au milieu de la matinée, il n'y a personne. Les gens viennent tôt le matin ou un peu avant midi. La patronne nettoie son plan de travail. Julien entre et montre sa carte de police. Il commence son interrogatoire[4] :
– Connaissiez-vous la famille Chavard ?
– Bien sûr ! Quel malheur ! Cet incendie ! Ils sont tous morts, paraît-il. Sauf monsieur Chavard qui est blessé. J'espère qu'il survivra.
– Que savez-vous d'eux ?
– Rien de très personnel. Ils ont une belle maison. Monsieur Chavard est un grand banquier, un haut personnage. Des gens jaloux[5] ont mis le feu à sa maison. Ou alors des cambrioleurs[6] l'ont volé et ont mis le feu.
Julien est étonné :
– Un haut personnage ? Monsieur Chavard ? Je ne crois pas. Il n'était pas « banquier[7] », c'était un « employé de banque[8] ». Il avait peut-être un bon salaire, sans plus.
– Ah, non ! Pas du tout. Il était banquier, vraiment banquier, je sais ce que je dis. C'était un grand patron, un haut responsable dans une banque. Comment vous dire… C'était une huile[9], un type plein de pognon[10], plein de ronds[10], plein d'oseille[10]. Il fallait voir ses costumes ! Et sa manière de parler. Et sa voiture. Un petit employé de banque n'a pas tout ça !
Julien ne sait plus quoi dire. Le dossier médical n'était peut-être pas exact. Il faudra vérifier la profession de monsieur Chavard. Quel était son niveau de vie ? Pouvait-il faire des jaloux ? Y avait-il des objets de valeurs dans la maison ?

1) dépressif, dépressive : *qui est souvent triste, de manière maladive.*
2) un psychiatre : *médecin qui s'occupe des maladies mentales.*
3) une enquête de voisinage : *questions que l'on pose aux voisins, aux gens qui vivent à une distance proche.*
4) un interrogatoire : *suite de questions posées à quelqu'un.*
5) jaloux, jalouse : *personne qui éprouve de la jalousie, qui a envie d'avoir ce que les autres ont.*
6) un cambrioleur : *personne qui fait des vols dans une maison.*
7) un banquier : *personne qui dirige une banque.*
8) un employé de banque : *salarié dans une banque, qui n'a pas de responsabilités.*
9) une huile : *(ici, familier) quelqu'un d'important.*
10) le pognon, les ronds, l'oseille : *(familier) l'argent.*

Chapitre 5

L'inspecteur veut rester dans le quartier. Alors il téléphone au commissariat pour savoir si un membre de la famille habite à proximité[1]. Effectivement, on lui donne une adresse, celle de Luc Pratesi, frère de Sandrine Chavard et beau-frère[2] du blessé.

L'inspecteur fait trois cents mètres à pied, pas plus, et arrive à la maison de monsieur Pratesi. L'homme est dans son jardin. Julien l'aborde, se présente et montre sa carte de police :

— Je suis désolé pour le drame qui est arrivé à votre famille, monsieur Pratesi. Sincères condoléances[3] pour votre sœur et vos neveux.

— Merci. Quelle tristesse ! L'incendie a eu lieu dans la nuit. Il y a eu probablement beaucoup de fumée. Je dormais. Je ne me suis rendu compte de rien. J'ai appris la nouvelle, comme tout le voisinage, hier matin.

L'homme est encore sous le choc[4]. Il parle mécaniquement, très bas. Il semble très fatigué. Il n'a plus de force. Mais l'inspecteur veut l'interroger : « Me permettez-vous d'entrer ? Puis-je vous poser quelques questions ? Vous avez le droit de refuser. » L'homme se redresse alors :

— Entrez. Si je peux aider la Justice[5], je le ferai. Ma sœur a probablement été assassinée. Il faut retrouver le coupable[6].

Julien hésite à mener un interrogatoire avec méthode. Il préfère laisser l'homme parler librement. Luc Pratesi explique :

— Ma sœur, son mari et les enfants, ça faisait une famille modèle. Ma sœur était timide, discrète, personne ne pouvait être jaloux d'elle. Mais mon beau-frère est un homme important, un grand banquier, il a de grandes responsabilités et beaucoup d'argent. Les gens l'envient[7], le jalousent. Vous savez, c'est un homme sérieux, un homme de confiance, et puis il était gentil, aussi. Ma sœur avait beaucoup de chance d'avoir un mari comme ça.

– Vous aimiez votre sœur, c'est normal. Et votre beau-frère aussi, ça c'est plus rare.

– Je ne sais pas… Lui, en tout cas, était généreux. Comme il connaissait bien son métier, il avait des informations particulières. Il connaissait des produits financiers[8] exceptionnels. Il m'a informé. Il m'a proposé d'investir mon argent dans des placements réservés au personnel de sa banque. Un rendement[9] à 30 % par an ! Grâce à lui, je vais devenir riche.

L'inspecteur Dulac a besoin d'explications : « Je croyais qu'il était simple employé de banque. Mais c'est peut être une information ancienne. Comment a-t-il commencé ? »

Luc Pratesi s'étonne :

– Employé ? Ah non, jamais. Mon beau-frère a fait de brillantes études. Il a commencé comme cadre supérieur[10], et puis, il est rapidement devenu associé[11] dans sa banque. C'est un homme exceptionnel. On a voulu le tuer, lui et sa famille. Peut-être pour le voler. Peut-être par jalousie. Ou les deux à la fois. Je ne vois pas d'autre explication.

Julien repart, pensif. Monsieur Pratesi avait l'air très triste. Mais il a surtout parlé d'argent. Et puis est-ce normal de parler autant de son beau-frère et si peu de sa sœur ? Il n'a même pas parlé des enfants ! C'est étrange… Mais l'humanité est étrange… Soudain, Julien repense au commissaire Taillefer : « Vérifiez tout ! Rien n'est jamais simple. Souvenez-vous de votre première enquête. »

1) la proximité : *caractère de ce qui est près.*

2) un beau-frère : *(ici) frère de l'épouse de quelqu'un.*
3) « Sincères condoléances » : *formule de politesse à dire à quelqu'un quand une personne de sa famille est morte.*
4) sous le choc : *sous l'effet d'une émotion brutale, traumatisé.*
5) la Justice : *ensemble des institutions qui sont chargées d'administrer la justice, d'appliquer la loi.*
6) un coupable : *quelqu'un qui a commis une faute, ici : un crime.*
7) envier : *jalouser, convoiter ce que quelqu'un possède.*
8) un produit financier : *placement d'argent, investissement qui rapporte des intérêts.*
9) un rendement : *gain, productivité.*
10) un cadre supérieur : *personne qui a beaucoup de responsabilités dans une entreprise, qui encadre des employés.*
11) un associé : *un partenaire ; une personne qui travaille et qui a mis de l'argent dans l'entreprise.*

Chapitre 6

Le lendemain matin, Julien se rend au commissariat. Bonne nouvelle, le médecin de l'hôpital a téléphoné : Chavard est sorti du coma. On va pouvoir enfin l'interroger ! Pourquoi a-t-il pris des barbituriques[1] ? Quelqu'un l'a obligé à avaler ces médicaments ? Voulait-il se suicider ? Julien va enfin avoir des réponses. Le jeune inspecteur doit aussi aller à la morgue[2]. Les corps des enfants et de madame Chavard ont été analysés. Aujourd'hui, les résultats sont arrivés. Les corps vont « parler », on va savoir très vite comment le drame s'est déroulé[3]. L'affaire sera terminée le jour même.

– Alors, inspecteur, on commence par quoi ? demande Sommard. La morgue ou l'hôpital ? La morgue, c'est plus tranquille, si vous voulez mon avis.
– Taisez-vous, Sommard. Laissez-moi réfléchir.
– Le matin, insiste l'agent, il vaut mieux commencer doucement. La morgue, c'est idéal. Et après, on va déjeuner. Il y a un bon petit...
– Taisez-vous, bon sang[4] !
Julien fait semblant de se concentrer[5] : « L'hôpital. On va d'abord à l'hôpital. »

Une fois arrivés, les trois hommes sont accueillis par le médecin chef. Celui-ci les conduit vers la chambre du père de famille. En chemin, il recommande : « Attention, monsieur Chavard est très faible, très fragile. Vous pouvez l'interroger, mais durant cinq minutes seulement. Ne le fatiguez pas. »
L'inspecteur Dulac entre seul dans la chambre. Les deux

agents restent devant la porte. Julien voit un homme assis sur son lit, pâle, avec des cernes sous les yeux. Il est brun, le visage osseux[6]. Il a l'air fatigué mais c'est un homme musclé, plutôt mince, dans la force de l'âge[7]. « Un exemple pour nous tous », a dit le médecin d'après son dossier médical. Julien commence alors :

– Je suis l'inspecteur Dulac, je souhaiterais vous poser quelques questions mais le plus important est votre santé. Voulez-vous me parler ?

– Oui, inspecteur, je… Que vous dire ? Vous me voyez, je ne suis pas très en forme[8]. J'ai tenté de me suicider. À présent, je regrette ce que j'ai fait.

– Pourquoi vouliez-vous mourir ?

– Je suis triste. Depuis toujours, je suis triste. Mon père était dépressif. Je le suis peut-être, qu'en pensez-vous ?

– Je ne pense rien. Vous étiez triste, vous vouliez vous suicider, c'est logique. Mais… Excusez-moi, mais… Votre famille ? L'incendie ? Vous vouliez tuer votre femme aussi et vos enf…

– AAAAh, j'ai mal, appelez l'infirmière[9] ! Je ne peux plus parler. Vite, des secours !

Julien sort, Béranger appelle l'infirmière et le médecin. L'interrogatoire est fini. Julien n'en saura pas plus. Il demande au médecin : « Quand puis-je revenir ? Il faut que l'enquête avance. »

– Je ne peux rien vous dire maintenant, lui répond le médecin. Nous faisons attention à monsieur Chavard. Je vous dirai plus tard quand vous pourrez revenir.

Les trois policiers sont de nouveau dans la voiture, l'agent Sommard est content :

– Bon, alors, maintenant, direction : la morgue !

---

1) un barbiturique : *médicament qui calme et fait dormir. En grande quantité, les barbituriques peuvent servir à se tuer.*

2) la morgue : *lieu où l'on dépose provisoirement le corps des personnes qui viennent de mourir.*
3) se dérouler : *avoir lieu, se passer.*
4) bon sang ! : *exclamation qui marque la colère, l'énervement.*
5) se concentrer : *porter sa pensée sur une seule chose.*
6) osseux, osseuse : *dont les os sont apparents.*
7) dans la force de l'âge : *un homme d'âge mûr sans être vieux.*
8) en forme : *(ici) en bonne condition physique.*
9) une infirmière, un infirmier : *personne dont le métier est de donner des soins aux malades.*

Chapitre 7

Arrivés à la morgue, Julien et les agents de police sont accueillis aimablement par le médecin légiste[1] :

– Inspecteur, heureux de vous revoir. Permettez-moi de vous féliciter pour l'Affaire Martin-Duval. Un bel « accident » ! Je me souviens, le corps était dans un état…

– Hum, hum... Docteur Morel, merci. Mais nous venons pour une nouvelle affaire. Je suis pressé d'avoir votre rapport sur les corps de madame Sandrine Chavard et de ses deux enfants.

Le spécialiste explique alors : « Les enfants sont morts chacun d'une balle dans le dos, une balle de petit calibre[2] de type 22 long rifle standard. Ils ont été tués vers neuf ou dix heures du soir. Les fumées toxiques de l'incendie ne sont pas la cause de la mort. L'incendie a eu lieu bien après, vers quatre heures du matin. »

– Ils ont été tués dans leur sommeil ?

– Probablement.

– Et leur mère ? Elle est morte dans l'incendie, intoxiquée par les fumées ? Puis des gravats sont tombés du plafond et lui ont défoncé le crâne[3] ? C'est bien ça ?

Le médecin légiste passe sa main sur son propre crâne. Il n'a pas de cheveux, il est chauve comme un œuf : « La chute de gravats, c'est ce que pensait la police. Cela arrive souvent. Mais ici, non : Sandrine Chavard n'est pas morte à cause de l'incendie. Elle est morte beaucoup plus tôt, vers huit heures du soir. La fracture du crâne a été provoquée par des coups sur sa tête. On l'a battue. On l'a frappée avec une matraque[4] ou la crosse[5] d'une carabine[6], quelque chose comme ça. On l'a tuée volontairement.

Julien veut partager son opinion avec le médecin légiste :

– Que pensez-vous, docteur ? Il s'agit d'un cas typique de « suicide altruiste [7]», comme disent les psychiatres ? Le père a voulu se suicider avec toute sa famille. Il a d'abord tué la mère, puis ses deux enfants ; ensuite il a avalé des barbituriques et mis le feu à la maison. Mais je ne comprends pas cette forme de suicide… Pourquoi ne pas se tuer tout seul ? Et surtout, pourquoi tuer des enfants qui ont l'avenir devant eux ?

– Pour un dépressif de ce genre, la vie en général est horrible. Alors Chavard a voulu se tuer, mais avant, il a voulu donner la mort à sa femme et à ses enfants. Il a voulu les tuer pour leur bien, pour leur éviter les souffrances de la vie. C'est une forme très spéciale d'altruisme !

Julien ne peut s'empêcher[8] de conclure :

– C'est une simple et triste affaire.

Le docteur Morel, à son tour[9], ne peut s'empêcher de philosopher :

– Comment savoir ce qui est vraiment triste ? La vie est parfois plus triste que la mort. Et simple ? Rien n'est simple, mon jeune ami !

Julien commence à se sentir déprimé… Heureusement, son téléphone portable sonne : c'est l'hôpital. Il pourra revenir et interroger Chavard dès demain. Son état le permet.

En attendant, l'inspecteur et les deux agents reprennent la voiture pour rentrer au commissariat. C'est toujours Sommard qui conduit et qui parle. Personne ne l'écoute ni ne lui répond. Béranger, comme d'habitude, regarde ailleurs et Julien considère[10] que l'affaire est terminée. Le jeune homme est agacé en pensant au commissaire Taillefer et au médecin légiste Morel : ces vieux idiots ne comprennent rien ! Oui, dans la vie, il y a des choses tristes et des choses gaies. Il y a des choses simples et des choses compliquées. Il y a du blanc et il y a du noir. TOUT N'EST PAS GRIS ! Zut !

1) un médecin légiste : *médecin chargé d'examiner le corps d'une personne morte.*
2) un calibre : *(ici) diamètre intérieur du canon d'une arme à feu.*
3) le crâne : *le sommet de la tête.*
4) une matraque : *bâton assez court qui sert à frapper.*
5) une crosse : *(ici) extrémité recourbée d'une arme à feu.*
6) une carabine : *fusil léger à canon court.*
7) altruiste : *qui montre de la générosité, de l'intérêt pour les autres.*
8) s'empêcher de : *se retenir de, se défendre de.*
9) à son tour : *moment où c'est à quelqu'un de faire quelque chose.*
10) considérer : *penser, juger, estimer.*

Chapitre 8

De retour au commissariat, les trois policiers remarquent qu'il y a de l'agitation. Il est tard mais il y a beaucoup de monde dans les locaux[1] de la police. Mais oui ! Bien sûr ! Ils avaient oublié : c'est le pot de départ[2] de l'agent Georges Gonthier. Jo prend sa retraite[3] après une longue carrière[4] dans la police.

On n'attendait plus qu'eux : maintenant la fête peut commencer. Taillefer, c'est sa spécialité, fait un discours[5] très apprécié. On boit un coup, un très bon champagne. Puis Gonthier prend la parole. Il est très émouvant[6]. Lui, n'est pas fort pour les discours, mais justement, c'est ça qui est émouvant. On se <u>ressert</u> du champagne. Et puis, chacun à son tour, ses plus proches collègues viennent dire un mot. Tchin tchin ! Santé ! Le champagne est fini, on passe à d'autres alcools plus ordinaires…

Dulac est heureux. Il est ému[7] du bonheur de Jo. Il regarde l'assemblée des agents et des officiers de police et il est fier d'appartenir à ce groupe d'hommes et de femmes qui ont pour but de maintenir l'ordre et la paix…

Quelqu'un lui parle tout bas à l'oreille : « Dulac, faites un effort. » Julien écoute attentivement cette petite voix qui continue : « Ne souriez pas comme ça. Vous avez vraiment l'air d'un imbécile. » C'est le commissaire. Il prononce ensuite quelques paroles incompréhensibles, puis il s'éloigne[8]. Il ne marche pas droit. On peut le dire, le commissaire Taillefer est fin saoul[9]. Julien est attendri de voir son chef dans cet état. Le jeune inspecteur sourit, glisse de sa chaise et tombe par terre. Personne ne s'en aperçoit.

Les idées tournent dans la tête de Julien : « Dulac ! Ne souriez pas comme un imbécile ! », « Rien n'est simple ! », « Je suis triste. Depuis toujours, je suis triste. Mon père était dépressif. Je le suis peut-être, qu'en pensez-vous ? », « Aucune pathologie particulière. Au contraire, une très bonne santé. Il avait apparemment une très bonne hygiène de vie. Un exemple pour nous tous ! », « Pascal Chavard, 42 ans, employé de banque », « Ah non, jamais. Mon beau-frère a fait de brillantes études. Il a commencé comme cadre supérieur, et puis, il est rapidement devenu associé dans sa banque », « Souvenez-vous de votre première enquête, en apparence la simplicité même, et pourtant… Allez, au boulot Dulac ! »

Julien se réveille en sursaut :

– Au boulot ? Oui, commissaire ! Au boulot !

Béranger, l'austère agent Béranger, lui donne de petites claques sur le visage et lui dit :

– Inspecteur, sauf votre respect, vous vous êtes endormi sous l'effet de l'alcool.

– Je me suis « endormi sous l'effet de l'alcool » ? Vous voulez dire que je suis pété comme un coing[10] ?

– C'est cela même, inspecteur. La fête est finie, il n'y a plus personne et vous n'êtes pas en état de rentrer chez vous. Vous avez le choix : rester au commissariat et dormir, ou, rester au commissariat et me faire la conversation.

Immédiatement, Julien tombe dans un profond sommeil.

1) un local, des locaux : *pièce, partie d'un bâtiment destiné à un usage particulier.*

2) un pot de départ : *(familier) organiser une réunion où l'on boit pour fêter le départ à la retraite d'un collègue.*

3) la retraite : *situation d'une personne qui s'est retirée d'un emploi et qui a droit à une pension.*

4) une carrière : *métier, profession qui présente une progression.*

5) un discours : *paroles prononcées en public pour une occasion*

particulière.
6) émouvant(e) : *qui émeut, qui touche, qui provoque une émotion.*
7) ému : *agité par une émotion.*
8) s'éloigner : *s'en aller, partir.*
9) fin saoul : *très saoul, ivre, qui a l'esprit troublé par l'alcool.*
10) pété comme un coing : *(familier) extrêmement ivre.*

Chapitre 9

Le lendemain, Julien Dulac ouvre les yeux. Il se réveille dans un bureau. C'est son bureau. Il est allongé sur un lit de camp[1] contre le mur. Sa tête lui fait mal. Progressivement, tout lui revient en mémoire : la fête de la veille et l'affaire Chavard qui n'est pas encore terminée. Il ne veut pas rendre ses conclusions au commissaire aujourd'hui même. La thèse du « suicide altruiste » lui semble trop simple.

Alors, l'inspecteur se lève péniblement. Le commissariat est équipé de douches, Dulac peut se laver et retrouver son énergie. Il a quelques vêtements propres dans son armoire. Julien s'habille. Après un bon café, c'est un homme neuf. Et surtout, surtout, il a très envie de revoir le banquier Chavard.

Le voilà de nouveau à l'hôpital. Cette fois-ci, il peut prendre son temps pour interroger le père de famille :

— Monsieur Chavard, je vais d'abord vous poser quelques questions de routine. Cela me permettra de savoir si vous êtes lucide[2] malgré votre hospitalisation.

— Je suis lucide. Mon esprit est clair. Je suis sorti du coma et je n'ai pas de problème de mémoire.

— Nous allons vérifier. Quel âge avez-vous ?

— 42 ans.

— Quel était le prénom de votre femme ?

— Sandrine.

— Quelle est votre profession ?

— Banquier.

— Plus exactement ?

— Associé dans la Banque Richard-Flouzet.

L'inspecteur fait une pause. Il reprend : « Vous savez que vous parlez à la police ? » Sur son lit d'hôpital, Chavard s'énerve :

— Je vous dis que je suis conscient ! Je sais bien que je parle à la police.

Dulac reprend calmement :

— Pourquoi donc mentez[3]-vous ? Vous savez que la police vérifie tout. Vous n'êtes pas un associé dans la Banque Richard-Flouzet, vous êtes un simple employé au chômage[4] depuis…

— Aïe ! Aïe ! Ma tête ! J'ai mal ! Appelez l'infirmière !

Dulac ne bouge pas mais une infirmière arrive. Elle a entendu les cris de Chavard. Quand elle entre, elle regarde sévèrement Julien :

— Inspecteur, il est temps d'arrêter l'interrogatoire. Veuillez sortir. Monsieur Chavard souffre beaucoup.

Julien sort. Il est en colère, Chavard est un véritable comédien !

De retour au commissariat, l'inspecteur examine les relevés de comptes[5] du père de famille. De grosses sommes d'argent liquide[6] sont versées[7] tous les mois. D'où vient cet argent ?

Soudain, Julien bondit :

— Sommard, Béranger, venez avec moi ! J'ai un témoin[8] important à revoir.

Peu après, dans le quartier de la maison brûlée, l'inspecteur interroge de nouveau Luc Pratesi, le beau-frère de Chavard :

— Le mari de votre sœur vous a donné de bons conseils pour placer votre argent ?

— Oui, je vous l'ai déjà dit. J'ai placé[9] mon argent dans sa banque.

— Vous avez des papiers pour le prouver ?

— Non. C'est un peu délicat. Ce n'est pas très légal[10]. C'est une opération financière réservée aux initiés.

Julien veut des précisions : « Vous avez déjà gagné de l'argent avec ces opérations financières ? »

Pratesi hésite :

– Oui. Enfin, pas encore. Ce sont des placements, il faut attendre. L'argent est bloqué, c'est pour cela que le taux d'intérêt[11] est très élevé.

L'inspecteur commence à comprendre : « Êtes-vous la seule personne à bénéficier de ces placements avantageux ? »

– Je suis le seul. Enfin, je crois. Je pense qu'il m'a proposé ces placements parce que je suis le frère de Sandrine.

1) un lit de camp : *lit pliant léger facilement transportable.*
2) lucide : *qui comprend les choses avec clarté, conscient.*
3) mentir : *dire des mensonges, des choses fausses.*
4) au chômage : *être sans emploi, sans travail et ne pas en trouver.*
5) un relevé de compte : *document où sont relevées toutes les opérations bancaires d'une personne.*
6) l'argent liquide : *argent sous forme de billets et de pièces de monnaie.*
7) versé : *(ici) mis sur un compte en banque.*
8) un témoin : *personne qui a vu quelque chose et qui peut le certifier.*
9) placer de l'argent : *investir de l'argent de manière à ce qu'il rapporte des intérêts.*
10) légal(e) : *conforme à la loi.*
11) taux d'intérêt : *rapport entre la somme prêtée et les intérêts annuels.*

Chapitre 10

En sortant de chez Pratesi, l'inspecteur s'adresse à ses deux agents :

– Messieurs, allons déjeuner dans le restaurant recommandé par Sommard. Nous avons besoin de prendre des forces. Un long travail nous attend. La famille et les amis du « banquier » vont nous en apprendre beaucoup !

Effectivement, l'après-midi est pénible, l'entourage[1] de Jean-Pascal Chavard a beaucoup à dire. Par contre, Dulac n'apprend pas grand-chose : tous respectent et admirent le père de famille hospitalisé. Tous lui ont confié leurs économies. Tous sont reconnaissants[2] de sa gentillesse. Chacun essaie d'expliquer l'incendie et les meurtres par le vol ou la jalousie.

– Vraiment, dit l'agent Sommard, quel ennui ! Heureusement que nous avons déjeuné dans un bon petit restaurant avant de voir tous ces gens ! Mmm ! J'ai bien fait de prendre le « Lapin[3] sauce Grand-Mère », une merveille ! Et maintenant, chef, nous avons bien le droit de prendre un remontant[4] au bistrot[5] ! Je vous invite !

– Vous plaisantez, l'alcool est interdit durant le service. Et le service n'est pas terminé. Raccompagnez-moi au commissariat.

Sur place, une dame attend le jeune inspecteur. Elle est assise sur un banc dans le couloir. Elle est élégante. Son visage est fin, elle a de grands yeux bleus, des cheveux châtain clair. Elle semble très fatiguée. Sa physionomie n'est pas inconnue à Julien mais il ne peut l'identifier.

Ils entrent ensemble dans le bureau de Dulac. Elle se

présente :

– Je suis Anne Pratesi-Verrot, la sœur de Sandrine Chavard.

– Enchanté, répond l'inspecteur. Asseyez-vous, je vous en prie. Voulez-vous un café, quelque chose à boire ?

– Non, je vous remercie. J'ai su que vous vouliez me rencontrer pour les besoins de l'enquête. J'ai préféré venir directement.

– Qu'avez-vous à me dire ?

– J'étais très proche de ma sœur. Je n'ai pas d'enfants, j'adorais mes neveux. Depuis leur mort, je...

Anne Verrot éclate en sanglots[6]. Elle fait de gros efforts pour parler :

– Il paraît que mon beau-frère est à l'hôpital entre la vie et la mort. Je suis inquiète.

– Vous avez peur que votre beau-frère meurt ? Je vous rassure…

– Non ! J'ai peur qu'il vive !

La haine éclate dans les yeux de la femme. Une haine totale, effrayante.

Anne Pratesi-Verrot est la seule personne qui ne considère pas Chavard avec estime[7] et reconnaissance. Elle a de bonnes raisons pour cela. En fin d'entretien[8], Julien la raccompagne à la porte du commissariat.

L'inspecteur décide alors de voir son chef. Taillefer l'accueille avec sa rudesse[9] habituelle :

– Alors, Dulac, vous la terminez, cette affaire ? Vous avez reçu les informations de la police scientifique ? Toutes nos hypothèses sont vérifiées : l'incendie est criminel, c'est prouvé, ils ont retrouvé les bidons d'essence à l'origine du feu.

– Oui, commissaire, j'ai…

– Ils ont aussi retrouvé l'arme qui a tué les enfants : c'est la carabine de Chavard. Et c'est avec la crosse de cette carabine qu'a été frappée Sandrine Chavard. Les experts sont formels.

Le commissaire continue sans interruption : « Toutes les preuves sont réunies, l'affaire est terminée. Chavard est coupable. Mais il s'agit d'un drame familial, pas d'un assassinat. Le père de famille est un grand malade, un grand dépressif. Les juges comprendront ! »

C'en est trop. Julien explose :

– RIEN N'EST SIMPLE !

Taillefer, stupéfait, se tait enfin. Alors Julien demande calmement :

– Un jour de plus. Une confrontation des témoins[10]. C'est tout ce que je veux. Souvenez-vous de ma première affaire.

1) un entourage : *personnes qui entourent habituellement quelqu'un, qui sont les amis, la famille de quelqu'un.*
2) reconnaissant(e) : *qui reconnaît ce qu'on a fait pour lui, qui éprouve de la gratitude.*
3) lapin : *petit animal avec de grandes oreilles et que l'on mange en sauce.*
4) un remontant : *boisson qui redonne des forces quand on est fatigué.*
5) un bistrot : *(familier) café, lieu où l'on consomme des boissons.*
6) un sanglot : *respiration brusque et bruyante qui se produit dans une crise de larmes.*
7) l'estime : *bonne opinion que l'on a d'une personne.*
8) un entretien : *conversation, discussion.*
9) la rudesse : *dureté, sévérité.*
10) la confrontation des témoins : *rassemblement de personnes pour comparer ce qu'elles disent.*

Chapitre 11

Le lendemain matin, un homme sort de l'hôpital. C'est Chavart. Il est accompagné de deux agents de police. Il va au commissariat. Là, on le conduit[1] dans un grand bureau. On le fait asseoir en face du commissaire Taillefer et de l'inspecteur Dulac. À sa gauche, il y a Luc Pratesi et Anne Pratesi-Verrot. À sa droite, ses parents, Etienne et Henriette Chavard.

Le faux banquier est d'abord agité, puis, il se calme et prend un air triste.

Dulac commence :

– Mesdames, messieurs, je vous ai réunis afin d'éclaircir[2] certains points de l'enquête.

Le silence est total dans la pièce. La voix de Julien semble résonner dans le vide :

– Monsieur Chavard, ici présent, a avoué : une semaine avant l'incendie, il a acheté l'arme du crime et il a rempli trois bidons d'essence à la station-service.

La mère du meurtrier pleure. Son mari essaie de la réconforter[3]. Julien continue :

– La veille de l'incendie, vers 8 heures du soir, monsieur Chavard est entré dans la chambre de sa femme. Il savait qu'elle travaillait sur son petit bureau au fond de la pièce ; il l'a frappée par derrière. Elle est tombée de sa chaise, morte. Puis il est descendu dans le salon où les enfants regardaient la télévision. Il les a accompagnés dans leur chambre pour les coucher. Quand ils se sont endormis, il les a tués d'une balle. Tous ces crimes ont été prémédités[4] et exécutés de sang-froid[5].

Le vieux monsieur sanglote[6] : « Mon fils est un monstre ! » Sa femme demande à sortir, elle se sent mal.

Dulac regarde alors Pratesi :

– À quelle heure on ramasse les poubelles[7] dans votre quartier ?

– Très tôt. Les éboueurs[8] passent à quatre heures du matin.

– Tous les jours à la même heure ?

– Oui.

Maintenant, Julien parle uniquement au meurtrier :

– Monsieur Chavard, vous avez mis le feu un peu avant quatre heures du matin. Vous saviez que les éboueurs appelleraient les pompiers. Vous avez laissé une seule fenêtre ouverte : celle de votre chambre. Vous saviez que vous seriez sauvé !

Dulac continue son accusation : « Vous ne vouliez pas mourir ! »

Chavard relève alors la tête :

– J'ai pris des barbituriques en grande quantité !

– Oui, mais vous saviez qu'on vous transporterait à l'hôpital !

Alors, Dulac donne la parole à Anne Verrot. Elle tremble mais elle s'exprime clairement :

– Ma sœur et moi étions très proches. Ces derniers temps, j'avais remarqué qu'elle était inquiète. Elle était nerveuse. Quelque chose avait changé. Elle se disputait avec son mari. Je lui ai posé des questions. Elle m'a dit : « Je ne peux pas te répondre. J'ai peur. Je sais que tu as donné de l'argent à Jean-Pascal. Cet argent, tu ne le reverras pas. »

Luc Pratesi est surpris, il s'adresse à sa sœur :

– Toi aussi ? Il t'a parlé de produits financiers exceptionnels ?

Alors, le père du meurtrier se lève. Il veut partir. Il dit :

– Et moi, je lui ai confié tout mon argent !

Pratesi est choqué : « Chavard nous a volé pendant quinze ans. Il a même volé son propre père ! »

Maintenant, c'est au tour du commissaire Taillefer de prendre la parole. Il s'adresse au coupable :

– Monsieur Chavard, vous avez tué votre femme parce qu'elle avait découvert que vous étiez un menteur et un voleur. Et vous avez tué vos enfants parce qu'ils ont entendu vos disputes et qu'ils ont posé des questions. Vous aviez peur qu'ils parlent. Mais vous ne vouliez pas aller en prison. Vous vouliez passer pour[9] malade mental et être soigné pour dépression. Vous avez organisé un faux suicide.

Taillefer se tait un instant. Puis, il s'adresse aux agents de police :

– Messieurs, emmenez cet homme. À présent, c'est à la Justice de faire son travail.

1) conduire quelqu'un : *mener quelqu'un quelque part.*
2) éclaircir : *(ici) rendre clair pour l'esprit, élucider.*
3) réconforter : *redonner du courage, de l'énergie à quelqu'un.*
4) prémédité(e) : *préparé avec soin, à l'avance (mauvaise action).*
5) de sang-froid : *maîtrise de soi face au danger.*
6) sangloter : *pleurer avec des sanglots.*
7) une poubelle : *récipient dans lequel on jette les ordures.*
8) un éboueur : *personne dont le métier est de ramasser les poubelles.*
9) passer pour : *avoir l'apparence.*

Épilogue

Le commissaire Taillefer est satisfait. Son inspecteur a fait une bonne enquête. Grâce à lui, le coupable sera jugé comme il le faut. La Justice aura tous les éléments à sa connaissance. Alors, le commissaire vient voir l'inspecteur dans son bureau :

– Inspecteur Dulac, félicitations ! Cette enquête était très difficile, mais vous avez découvert la vérité. À présent, vous méritez de vous reposer. Vous pouvez rentrer chez vous.

– Rentrer chez moi ?

– Oui, Dulac, reposez-vous, changez-vous les idées, reprenez des forces… En un mot : prenez un jour de congé.

– Impossible.

Le commissaire est très étonné : « Pourquoi pas ? »

– Absolument impossible, insiste Julien. L'agent Sommard m'a invité à déjeuner et je ne veux surtout pas manquer[1] le « Lapin sauce Grand-Mère » !

1) congé : *permission de s'absenter, de quitter son travail.*
2) manquer : *rater, ne pas avoir.*

VOCABULAIRE THÉMATIQUE

Vous avez rencontré ces mots dans le texte.

Les reconnaissez-vous ?

L'incendie, l'hôpital

un pompier : *personne dont le métier est de combattre le feu et de sauver les gens.*

un incendie : *grand feu qui s'étend en faisant beaucoup de dégâts.*

sécuriser la zone : *assurer la sécurité dans un lieu.*

en flammes : *qui brûle.*

éteint(e) : *qui a cessé de brûler.*

asphyxié(e) par les fumées : *étouffé, ne pouvant plus respirer à cause du mélange de gaz et de particules qui se dégage du feu.*

des gravats : *débris de matériaux, de murs, provenant d'une démolition.*

blessé(e) : *personne qui a subi un dégât fait à son corps.*

dépressif, dépressive : *qui est souvent triste, de manière maladive.*

un psychiatre : *médecin qui s'occupe des maladies mentales.*

le coma : *état d'une personne qui a perdu conscience et n'a conservé que des fonctions végétatives.*

le crâne : *sommet de la tête.*

fracassé(e) : *brisé avec violence.*

La police, l'enquête

une affaire : *(ici) ensemble des faits créant une situation compliquée.*

un constat : *document officiel qui décrit une situation.*

un flic : *(familier) policier.*

criminel, criminelle : *qui a été fait volontairement, très grave et puni par la loi.*

la scène du crime : *le lieu où s'est passé le crime et où des indices peuvent être trouvés.*

un interrogatoire : *suite de questions posées à quelqu'un.*

une enquête de voisinage : *questions que l'on pose aux voisins, aux gens qui vivent à une distance proche.*

la Justice : *ensemble des institutions qui sont chargées d'administrer la justice, d'appliquer la loi.*

un coupable : *quelqu'un qui a commis une faute, ici : un crime.*

un calibre : *(ici) diamètre intérieur du canon d'une arme à feu.*

une matraque : *bâton assez court qui sert à frapper.*

une crosse : *extrémité recourbée d'une arme à feu.*

une carabine : *fusil léger à canon court.*

un témoin : *personne qui a vu quelque chose et qui peut le certifier.*

la confrontation des témoins : *rassemblement de personnes pour comparer ce qu'elles disent.*

prémédité(e) : *préparé avec soin, à l'avance (mauvaise action).*

le sang-froid : *maîtrise de soi face au danger.*

un cambrioleur : *personne qui fait des vols dans une maison.*

éclaircir : *(ici) rendre clair pour l'esprit, élucider.*

légal(e) : *conforme à la loi.*

un lit de camp : *lit pliant léger facilement transportable.*

une tache : *marque sale, trace.*

La mort

assassiné(e) : *tué par quelqu'un qui a agi volontairement.*

se suicider : *se tuer volontairement.*

« Sincères condoléances » : *formule de politesse à dire à quelqu'un quand une personne de sa famille est morte.*

un médecin légiste : *médecin chargé d'examiner le corps d'une personne morte.*

La famille, le voisinage

un beau-frère : *(ici) frère de l'épouse de quelqu'un.*

un entourage : *personnes qui entourent habituellement quelqu'un, qui sont les amis, la famille de quelqu'un.*

La banque, l'argent

le pognon, les ronds, l'oseille : *(familier) l'argent.*

un banquier : *personne qui dirige une banque.*

un employé de banque : *salarié dans une banque, qui n'a pas de responsabilités.*

un produit financier : *placement d'argent, investissement qui rapporte des intérêts.*

un rendement : *gain, productivité.*

un relevé de compte : *document où sont relevées toutes les opérations bancaires d'une personne.*

l'argent liquide : *argent sous forme de billets et de pièces de monnaie.*

versé : *(ici) mis sur un compte en banque.*

placer de l'argent : *investir de l'argent de manière à ce qu'il rapporte des intérêts.*

un taux d'intérêt : *rapport entre la somme prêtée et les intérêts annuels.*

Le travail, l'entreprise

un boulot : *(familier) un travail.*

être de permanence : *assurer le service qui permet à des bureaux de fonctionner sans interruption.*

un(e) subordonné(e) : *personne qui travaille sous les ordres de quelqu'un.*

un cadre supérieur : *personne qui a beaucoup de responsabilités dans une entreprise, qui encadre des employés.*

un associé : *partenaire ; personne qui travaille et qui a mis de l'argent dans l'entreprise.*

un pot de départ : *(familier) organiser une réunion où l'on boit pour fêter le départ à la retraite d'un collègue.*

la retraite : *situation d'une personne qui s'est retirée d'un emploi et qui a droit à une pension.*

une carrière : *métier, profession qui présente une progression.*

un discours : *paroles prononcées en public pour une occasion particulière.*

une huile : *(ici, familier) quelqu'un d'important.*

au chômage : *être sans emploi, sans travail et ne pas en trouver.*

un congé : *permission de s'absenter, de quitter son travail.*

Les émotions, les sentiments, les qualités, les attitudes

confiance : *sentiment agréable que l'on éprouve quand on est sûr de quelqu'un ou de quelque chose.*

indifférent(e) : *qui ne s'intéresse pas, qui n'est ému par rien ni par personne.*

le mérite : *vertu, ce qui rend quelqu'un digne d'estime et de récompense.*

jaloux, jalouse : *personne qui éprouve de la jalousie, qui a envie d'avoir ce que les autres ont.*

ému : *agité par une émotion.*

sous le choc : *sous l'effet d'une émotion brutale, traumatisé.*

envier : *jalouser, convoiter ce que quelqu'un possède.*

altruiste : *qui montre de la générosité, de l'intérêt pour les autres.*

s'empêcher de : *se retenir de, se défendre de.*

reconnaissant(e) : *qui reconnaît ce qu'on a fait pour lui, qui éprouve de la gratitude.*

un sanglot : *respiration brusque et bruyante qui se produit dans une crise de larmes.*

sangloter : *pleurer avec des sanglots.*

émouvant(e) : *qui émeut, qui touche, qui provoque une émotion.*

lucide : *qui comprend les choses avec clarté, conscient.*

l'estime : *bonne opinion que l'on a d'une personne.*

la rudesse : *dureté, sévérité.*

réconforter : *redonner du courage, de l'énergie à quelqu'un.*

passer pour : *avoir l'apparence.*

Les mouvements, les actions

se pencher : *incliner le haut du corps vers l'avant.*

se redresser : *se remettre droit.*

confier : *laisser quelque chose à quelqu'un pour que cette personne s'en occupe.*

se rendre quelque part : *aller quelque part.*

entraîner : *(ici) obliger ou inciter quelqu'un à faire ce qu'il n'a pas envie de faire.*

à son tour : *moment où c'est à quelqu'un de faire quelque chose.*

retentir : *se faire entendre avec force.*

s'éloigner : *s'en aller, partir.*

considérer : *penser, juger, estimer.*

un entretien : *conversation, discussion.*

conduire quelqu'un : *mener quelqu'un quelque part.*

manquer : *rater, ne pas avoir.*

tenter : *(ici) essayer.*

mentir : *dire des mensonges, des choses fausses.*

Boire, manger

lapin : *petit animal qui a de grandes oreilles et que l'on mange en sauce.*

fin saoul : *très saoul, ivre, qui a l'esprit troublé par l'alcool.*

pété comme un coing : *(familier) extrêmement ivre.*

un remontant : *boisson qui redonne des forces quand on est fatigué.*

un bistrot : *(familier)   café, lieu où l'on consomme des boissons.*

La ville, la gestion des déchets

un éboueur : *personne dont le métier est de ramasser les ordures ménagères.*

un local, des locaux : *pièce, partie d'un bâtiment destiné à un usage particulier.*

la proximité : *caractère de ce qui est près.*

une poubelle : *récipient dans lequel on jette les ordures.*